L^7_K 1940

UNE HEURE

A NOTRE-DAME

DE CHARTRES

GUIDE DU TOURISTE ET DU PÉLERIN

PAR UN DES RÉDACTEURS
DE LA VOIX DE NOTRE-DAME DE CHARTRES.

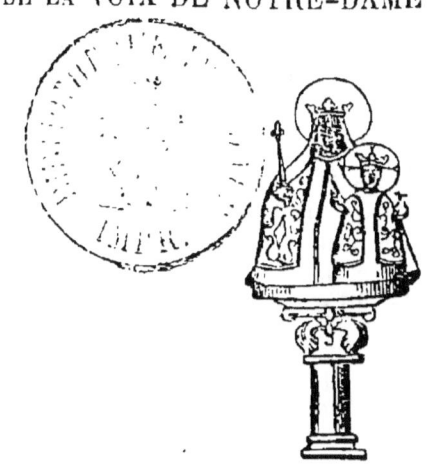

A CHARTRES,
AU BUREAU DE LA *VOIX DE NOTRE-DAME*,
F. Dubois, éditeur d'images, 13, cloître Notre-Dame,
et chez tous les Libraires.
A PARIS,
Chez A. Camus, libraire, 27, rue de Tournon.
—
1860

SE VEND
AU PROFIT DE L'ŒUVRE DE NOTRE-DAME
DE SOUS-TERRE.

Œuvre de Notre-Dame de Sous-Terre.

SON OBJET.

L'*Œuvre de Notre-Dame de Sous-Terre* a pour objet :

1° De rétablir dans sa première splendeur l'église souterraine de Notre-Dame de Chartres, sanctuaire le plus ancien qui ait été consacré à la Mère de Dieu, et l'un des plus vénérables du monde.

2° De recueillir dans un établissement spécial, pour les attacher au service de cette église, un certain nombre d'enfants pauvres, de quelque pays qu'ils soient, qui montrent d'heureuses dispositions pour l'état ecclésiastique.

AVANTAGES OFFERTS AUX BIENFAITEURS.

1° Pour toute offrande, si modique qu'elle soit, on a part : 1° à une messe célébrée, le 25 de chaque mois, à l'autel de Notre-Dame de Sous-Terre, et 2° à des prières spéciales que les clercs de Notre-Dame récitent à l'intention des bienfaiteurs de l'Œuvre.

2° Chaque samedi, *à perpétuité*, une messe sera célébrée, au même autel, *pour toutes les personnes qui auront donné ou procuré un franc pour l'Œuvre.* — Si ces personnes le désirent, leurs noms sont inscrits sur le registre des bienfaiteurs de l'Œuvre, et insérés dans un cœur de vermeil offert à Notre-Dame.

3° Enfin, pour une offrande de *trois francs*, outre les faveurs mentionnées ci-dessus, on peut recevoir, pendant une année, *la Voix de Notre-Dame de Chartres*, petite publication qui fait connaître, chaque mois, les progrès et la situation de l'Œuvre.

Adresser la demande et le prix de l'abonnement à M. Dubois, éditeur d'images, 13, cloître Notre-Dame, à Chartres, ou à M. l'abbé Ychard, chanoine, directeur de *la Voix de Notre-Dame de Chartres.*

En souscrivant pour une autre personne vivante ou défunte, on lui assure les mêmes avantages spirituels.

UNE HEURE
A NOTRE-DAME DE CHARTRES.

CHAPITRE Ier.

HISTOIRE ABRÉGÉE DE L'ÉGLISE DE CHARTRES.

Avant l'ère chrétienne, en ces mêmes lieux où vous voyez un temple majestueux jeter dans les airs ses deux pyramides aiguës, comme le symbole mystique d'une religion céleste et infinie, une forêt sainte ombrageait la vieille cité des Carnutes, et au centre se trouvait une grotte mystérieuse où les Druides, éclairés par une lumière surnaturelle, élevèrent à la Mère de Dieu une statue en bois avec cette célèbre inscription : *Virgini pariturœ* « A la Vierge qui doit enfanter ». (1)

Lorsque saint Savinien et saint Potentien, envoyés dans les Gaules par l'apôtre saint Pierre, vinrent annoncer aux Carnutes la bonne nouvelle du salut, ceux-ci, merveilleusement

---

(1) Ils avaient peut-être eu aussi connaissance de cette prophétie d'Isaïe : *Virgo concipiet et pariet filium*; Une Vierge concevra et enfantera un fils.

préparés *par l'espérance* à recevoir le bienfait de la foi, se convertirent en masse au Christianisme et construisirent au-dessus de la grotte une modeste église épiscopale, que les deux Saints consacrèrent à la Très-Sainte Vierge, et, avant de quitter les nouveaux néophytes, ils sacrèrent évêque saint Aventin. Mais la cité des Carnutes ne devait pas tarder à payer, comme tous les lieux où brillait le signe sacré de la rédemption, son tribut sanglant aux Césars de Rome : des milliers de Chrétiens périrent victimes de la cruauté de Quirinus, gouverneur de l'antique Autricum pour l'empereur Claude. Cet homme féroce n'épargna même pas, si l'on en croit la tradition, sa propre fille, la chaste et courageuse Modeste, fit jeter le corps des martyrs dans un puits creusé auprès de la grotte sacrée (1), et détruisit de fond en comble le sanctuaire vénéré. De nouveau réédifié à la paix de l'Église, le nouveau temple, doublement cher aux cœurs des pieux fidèles, puisqu'au souvenir prophétique venait se joindre celui des luttes héroïques soutenues par les glorieux athlètes de la foi, fut encore entièrement détruit par les Normands qui, sous la conduite d'Hasting, un de leurs chefs, pénétrèrent dans Chartres, sous le mensonger prétexte de devenir eux-mêmes les

(1) Ce puits a reçu depuis le nom de puits des Saints-Forts. La trace en est aujourd'hui complètement perdue.

disciples du Christ (858). — L'évêque Gislebert reconstruisit sa Cathédrale ; mais Thibault-le-Tricheur, le Robert-le-Diable de la Beauce, ayant pris Evreux sur Richard, duc de Normandie, celui-ci vint mettre le siége devant Chartres, s'en empara, et l'église de Marie fut comprise dans l'embrâsement général qui réduisit la ville en cendres.

A peine relevée de ses ruines, alors que la cité chartraine ne redoutait plus, sous le règne pacifique de Robert, le feu des ennemis, celui du ciel dévora l'église dont elle était si fière, et de ce temple magnifique il ne resta, à la suite de cet affreux sinistre, que des débris fumants et quelques pierres calcinées (1020). Le grand Fulbert, l'honneur et la gloire de l'Église gallicane au XIe siècle, était alors évêque de Chartres ; le mal, quoique immense, était encore au-dessous du génie réparateur du saint élève de Gerbert. Il adresse les plus touchantes suppliques au roi de France, à Canut de Danemarck, à Guillaume d'Aquitaine ; leurs largesses répondent à son confiant appel, et la foi, ce levier si puissant des grandes choses, animant tous les cœurs, il y eut une telle émulation parmi tous ces travailleurs venus de toutes les contrées, sortis de tous les rangs, que le pieux pontife put achever en huit années l'église souterraine, une des merveilles de cette époque, et asseoir les fondements de l'église supérieure dont la dédicace eut lieu l'an 1037, sous Thierry, successeur de Fulbert. Saint Yves fit construire un magnifique jubé à l'entrée du chœur, et quelques années après sa mort (1), on jeta les fondements des deux clochers (2) qui formeraient, selon un vieil adage, avec le chœur de Beauvais, la nef d'Amiens et le portail de Reims, la plus belle cathédrale du monde. Mais hélas! cette admirable basilique devait, comme les précédentes, disparaître sous des tourbillons embrâsés. Le clocher vieux seul demeura debout, le second fut en partie détruit; sa flèche, alors en bois, disparut dans les flammes; mais au milieu de ces débris, les cryptes restèrent intactes. L'évêque Regnault de Mouçon, animé ainsi que son troupeau fidèle par les chaleureuses exhortations du cardinal Mélior, légat du pape Célestin III. fit relever la cathédrale en ruines, avec une splendeur digne de cette religieuse époque où, à l'enthousiasme des Croisades, succédait la sainte ardeur des constructions pieuses et où l'art chrétien atteignait son apogée.

Cette admirable Cathédrale, telle que nous la voyons aujourd'hui, fut consacrée et solennellement dédiée à Marie, le 17 octobre 1260, par Pierre de Maincy, en présence de saint Louis et de toute sa royale famille. Toutefois la statuaire des deux porches latéraux ne fut terminée

---

(1) Saint Yves mourut l'an 1115.
(2) Ces clochers étaient alors saillants et ne tenaient au reste de l'édifice que par l'extrémité de leurs angles.

que vers 1280. La sacristie remonte à la même époque. En 1349 la chapelle de saint Piat fut érigée au chevet de l'église. La chapelle de Vendôme, pratiquée au côté méridional de la nef, a été ajoutée en 1413 (1). La flèche du clocher neuf, dont l'admirable travail est dû à Jehan de Beauce, commencée en 1507 fut terminée en 1513. La merveilleuse clôture du chœur remonte également au XVIe siècle.

Ici s'arrête l'inspiration religieuse et artistique, qui avait jusqu'alors dirigé les constructions et embellissements intérieurs du temple de la Vierge-Mère ; le XVIIIe siècle y apposa son cachet froid, mesquin, ennemi de toute idée grandiose et inspirée d'en haut.

Le jubé, cette délicieuse tribune ouvrée avec tant d'art au Moyen-Age, fut abattu et remplacé par deux murs pauvrement sculptés. Les scènes charmantes de la riche clôture du chœur furent masquées de bas-reliefs ; plusieurs verrières furent défoncées, comme si la lumière du jour devait s'accroître à proportion de la diminution de la foi dans les cœurs !

Si la tourmente révolutionnaire ne put entraîner la ruine extérieure de la majestueuse Cathédrale, elle ne respecta pas le sanctuaire de la divinité. Les vases sacrés furent profanés, la statue druidique et son autel antique devinrent l'objet de ses fureurs ; l'airain qui naguère ap-

---

(1) Louis de Vendôme la fit construire pour accomplir un vœu qu'il avait fait à la Sainte Vierge.

pelait de sa voix sonore les fidèles à la prière, fut transformé en vile monnaie, et au culte de la Vierge immaculée fut substitué celui de la déesse Raison... Mais au souffle infernal et sacrilége qui avait en passant sur notre belle patrie détruit les admirables monuments, expressions sublimes de ses plus chères espérances, succéda l'ardeur purifiante de la foi. Les autels mutilés se relevèrent ; la divine victime, l'hostie de paix, y fut offerte en expiation et en holocauste, afin d'apaiser le ciel irrité par tant de crimes, et la Vierge-Mère se vit de nouveau honorée dans ce magnifique sanctuaire où elle n'avait cessé de recevoir les hommages de son peuple chéri, que lorsque la Religion, les yeux baignés de larmes et la tête couverte d'un voile de deuil, se fût assise comme une reine décoüronnée sur les débris de ses temples dévastés.

Nous terminerons cette histoire rapide de la Cathédrale de Chartres, en parlant du dernier incendie qui, le 4 juin 1836, dévora sa magnifique charpente, et menaça de détruire les deux clochers. Le feu mis, dit-on, par l'imprudence de deux ouvriers plombiers, se déclara avec une horrible violence, et malgré d'incroyables efforts il dura onze heures consécutives et ne s'arrêta que lorsqu'il ne trouva plus d'aliment. Outre la charpente de la nef et du chœur, les beffrois des deux clochers avaient été consumés, et toutes les cloches fondues. Cependant l'édifice en lui-même n'éprouva que de faibles dégats et les admirables verrières restèrent intactes.

Un crédit demandé aux chambres et obtenu par M. Sauzet, ministre des cultes, permit de reconstruire une charpente en fer, la plus belle qui existe en Europe; et si elle ne peut rivaliser en beauté avec *l'antique forêt* (1), elle est du moins à l'abri des accidents. L'industrie moderne s'y trouve dignement représentée.

L'habile restauration qui vient de rendre à la piété des pélerins, la crypte de saint Fulbert, est une nouvelle preuve de ce retour à l'art chrétien, qui honore notre siècle et paraît à l'œil de l'observateur religieux comme un brillant reflet de la foi des anciens jours !...

(1) Nom donné à l'ancienne charpente à cause de la multitude des pièces de bois dont elle était composée.

CHAPITRE II.

DESCRIPTION DE L'EXTÉRIEUR DE LA CATHÉDRALE DE CHARTRES.

Nous ne venons pas, en essayant de donner aux visiteurs des détails précis sur l'extérieur de notre belle Cathédrale, jouer le rôle de ces ciceroni qui cherchent à exciter l'intérêt de ceux qu'ils accompagnent, par des récits emphatiques ou d'admiratives acclamations : non, nous sentons que, devant les beautés que présente aux regards le temple de Marie, il vaut mieux laisser à chacun ses impressions personnelles, et se contenter de lui donner quelques explications dont ses souvenirs pourront un jour s'aider pour reconstruire dans sa pensée le magnifique monument que ses yeux ont contemplé avec admiration et bonheur.

PLAN DE LA CATHÉDRALE.

La Cathédrale de Chartres a la forme d'une croix latine, son abside est tournée vers l'est-nord. Elle a trois façades qui ont chacune un caractère particulier, mais ayant entr'elles une ressemblance de famille, si l'on peut s'exprimer ainsi.

FAÇADE SEPTENTRIONALE. (1)

Le portail septentrional, d'un style noble et sévère, est en même temps le plus riche de détails. Le porche ou péristyle qui en est la partie principale, est élevé sur un perron de neuf marches, et présente trois arcades ogivales, surmontées de pignons, correspondant aux trois entrées du fond. Ces portiques sont décorés, ainsi que les voussures, d'une quantité de statues, de groupes, de bas-reliefs et d'ornements, aussi curieux par la manière dont ils sont travaillés que par l'étonnante variété de leur composition (2).

Au Moyen-Age le portail septentrional était toujours consacré à la Très-Sainte Vierge, le refuge des pécheurs et la Mère des miséricordes. Suivant cette pieuse coutume, celui qui fait l'objet de nos observations raconte en pierre la généalogie charnelle et spirituelle de Marie, ses prérogatives, ses vertus, ses occupations, sa vie, sa mort, sa glorieuse assomption et son couronnement dans le ciel; de plus il nous montre les personnages figuratifs de l'ancienne loi, car toute l'iconographie des Eglises gothi-

---

(1) Cette façade est celle qui termine le transept du côté de l'évêché.

(2) Elles sont au nombre de 700; on en compte en tout, tant à l'intérieur qu'à l'extérieur, 4,272. Un savant, M. Didron, dit que la Cathédrale de Chartres, unique en son genre, compte 9,000 figures peintes ou sculptées.

ques n'est qu'un livre de doctrine et de morale, une sorte de théologie chrétienne destinée à l'instruction du peuple et à l'édification des fidèles ; aussi nous devons plaindre et surtout éviter de partager la pensée de ceux qui ne voient que des caprices d'imagination, des produits de l'ignorance et de la barbarie dans cette admirable statuaire qui peuple l'extérieur de nos Cathédrales catholiques.

Mais entrons dans quelques détails.

Le porche du nord est donc dédié à Marie. Cette divine Vierge nous apparaît dans les bras de sainte Anne, sa mère, sur le trumeau de la porte centrale.

Les parois de la porte centrale sont ornées des statues colossales des dix personnages suivants : en commençant à gauche, 1º Melchisedech, 2º Abraham, 3º Moïse, 4º Samuel, 5º David, 6º Isaïe, 7º Jérémie, 8º Siméon, 9º saint Jean-Baptiste, 10º saint Pierre.

A la gauche de saint Pierre se trouve Elie, et à la droite de Melchisedech, Elisée.

Les parois de la porte latérale de droite ont six statues qui représentent, en commençant à gauche : 1º Samson, 2º la reine de Saba, 3º Salomon, 4º Jésus, fils de Sirach, 5º Judith, 6º Gédéon.

Les parois de la porte latérale de gauche offrent d'un côté l'Annonciation, qui comprend trois personnages : Isaïe, Gabriel et Marie; de l'autre côté la Visitation : dans cette scène figurent Marie, Elisabeth et un prophète.

Le tympan de la porte latérale de gauche offre l'histoire de la Naissance du Sauveur, celle des Bergers et des Mages.

Le tympan de la porte centrale nous représente la Mort, l'Assomption et le Couronnement de Marie.

Tels sont les principaux objets qui s'offrent ici à l'admiration des visiteurs au milieu de tant de merveilles.

Au-dessus du porche s'élève en retraite la partie supérieure du portail, flanquée d'abord de deux petites tourelles octogones, puis de deux grosses tours carrées et terminées par un pignon triangulaire orné d'une statue de la Vierge.

Au-dessous, la partie centrale est entièrement remplie par un retrait divisé en cinq panneaux, surmontés d'une très-belle rose à compartiments. Ce porche, dont la construction est due à la munificence de saint Louis, est par conséquent l'œuvre du XIIIe siècle.

FAÇADE OCCIDENTALE.

La façade occidentale, qui est la principale des trois, est plus remarquable par ses proportions colossales que par la richesse de sa décoration ; en y comprenant les deux clochers, elle s'étend sur une largeur de 48 mètres. Trois portes, élevées sur un perron de six marches, occupent sans intervalle toute la partie inférieure. Celle du milieu est appelée porte royale parce qu'elle servait à l'entrée des rois de France. Elle est, ainsi que les deux autres portes, ornée de nombreuses statues qui ont bien le cachet du XIIe siècle.

Le porche occidental est le porche de Jésus-Christ, comme le porche septentrional est celui de Marie.

Jésus-Christ promis, venu et *glorifié*, tel est le sujet qui s'offre ici à nos regards.

Jésus promis au monde doit se lire sur les six parois latérales des trois baies. Les statues qui s'y dressent représentent cette majestueuse succession de patriarches, de prophètes, de rois et de reines qui ont eu l'honneur de se transmettre d'âge en âge l'espérance d'engendrer le Sauveur du monde.

Jésus venu au monde, c'est bien le sujet qui se lit au tympan de la porte latérale de droite, et qui s'y trouve représenté de plusieurs manières.

Jésus nous apparaît *glorifié* d'abord dans son Ascension, figurée au tympan de la porte latérale de gauche, puis dans son séjour au ciel, qui nous est représenté au tympan de la porte centrale où nous contemplons ce divin Sauveur, siégeant sur son trône, environné d'une auréole de gloire, au milieu des quatre évangélistes, au sein de l'assemblée immortelle des anges et des saints.

Mais ce qui dans cette façade fixe surtout l'attention, ce sont les deux clochers qui l'accompagnent. Le clocher à droite ou méridional qu'on appelle clocher vieux, n'offre à sa base aucun ornement, mais il se transforme à mesure qu'il s'élance en une flèche aiguë à huit pans, percée de lucarnes, sans qu'il soit possible de dire où finit la construction massive et où commence la construction légère. C'est qu'en effet elles se prêtent mutuellement secours, et communiquent à l'ensemble une admirable unité ; trois statues ornent la base méridionale de cette surprenante pyramide. La première représente un ange tenant un cadran solaire, la deuxième, placée sur le contrefort voisin, a reçu le nom populaire de l'*âne qui vielle*, et la troisième de *truie qui file*. Le clocher neuf ou septentrional (1), dont la flèche est toute couverte de festons et de dentelles de pierre, forme un contraste frappant avec la noble et sévère beauté de son rival.

L'archéologue préfère celui-ci, les sympathies des populations sont pour celui-là (2). Gloire et honneur au monument qui peut offrir un pareil choix ! Un triplet ogival et vitré, une rose aux élégants compartiments, une balustrade avec trottoir, un gable ou pignon orné d'une niche, complète avec ce que nous avons dit précédemment, la description de la façade occidentale.

---

(1) Nous avons déjà dit que cette flèche avait été construite au XVIe siècle par Jean de Beauce.
(2) Le clocher vieux a 115 mètres de haut du sol jusqu'au croissant, et le clocher neuf en a 126.

FAÇADE MÉRIDIONALE.

Passons maintenant au portail méridional. Le style en est à la fois élégant et riche : exhaussé sur dix-sept marches, il est distribué en trois grandes arcades, soutenues par des massifs et des pieds droits ornés de sculptures et sur des colonnes isolées, dont la plupart des fûts sont d'une seule pierre.

Ce portail complète les sujets que nous avons étudiés dans les deux autres. Il nous représente encore Jésus-Christ glorifié non pas seulement en lui-même, mais dans ses membres, dans ses élus. C'est le porche du *Jugement dernier*.

Sur le trumeau de la porte centrale s'élève la statue colossale de Jésus-Christ. Sur les parois se dressent les statues des douze apôtres.

Au premier étage du tympan, Jésus est assis comme un juge sur son trône. On voit à ses côtés Marie et saint Jean. Au second étage sont figurés le *pèsement des âmes* et la *séparation des bons d'avec les méchants.*

La baie latérale de gauche est consacrée aux martyrs. Le tympan représente l'histoire de saint Étienne.

La baie latérale de droite est consacrée aux confesseurs. Le tympan nous offre plusieurs traits de la vie de saint Martin et de celle de saint Nicolas.

Revenons sur nos pas pour entrer dans la Cathédrale par le portail septentrional après que nous aurons signalé :

1º La structure singulière des arcs-boutants en forme de sections de roues qui s'élancent des contre-forts et sont comme eux destinés à comprimer et consolider les voûtes;

2º La structure non moins étonnante des contreforts, sorte de piliers carrés très-saillants à la base, diminuant dans leur hauteur et ornés de statues représentant des évêques et des abbés revêtus de leurs ornements;

3º L'heureuse disposition des tours latérales qui flanquent les extrémités du transept et du chœur;

4º La forme élégante du pavillon de l'horloge;

5º L'effet pyramidal et si éminemment pittoresque du chevet, quand on le considère des jardins de l'Evêché;

6º La légèreté des galeries extérieures qui, placées au-dessus des corniches terminant les murs principaux, permettent de faire à diverses hauteurs le tour de l'édifice;

7º Enfin la remarquable statue de l'Ange-Gardien qui domine tout l'édifice indiquant d'une main le côté d'où souffle le vent et de l'autre tenant le signe sacré de la Rédemption du monde!

Admirable conception qui, en rappelant à l'homme que les anges du ciel veillent sur lui, montre à ce pauvre exilé la croix du Sauveur comme un signe radieux d'espérance et d'amour.

Mais faisons silence et recueillons-nous avant d'entrer dans ce temple où l'on respire à un si haut point la Majesté du Dieu trois fois saint, que Napoléon, en y entrant pour la première fois, s'écria : Un athée serait mal à l'aise ici.

CHAPITRE III.

DESCRIPTION DE L'INTÉRIEUR DE LA CATHÉDRALE DE CHARTRES.

« Purifiez-vous, car ce lieu est saint ». Cette parole, tirée de nos livres sacrés, semble admirablement convenir à la pieuse exploration que nous allons entreprendre dans une des plus majestueuses demeures que la main des hommes ait consacrées à la Divinité. Oui, pour parcourir les parvis de la maison du Seigneur, laissons loin, bien loin derrière nous, les vaines préoccupations de la terre, et par la contemplation des choses visibles, élevons-nous jusqu'à celle de choses invisibles et des vérités incréées.

Avant de commencer l'explication de toutes les beautés artistiques qui frappent vos regards, permettez-nous de vous conduire aux pieds de la Vierge-Noire, de la Vierge du Pilier. Vous le voyez, de nombreux fidèles l'entourent et leur recueillement est si profond, leur piété si tendre, qu'ils ne sont point distraits de nous voir nous mêler à eux. Demandons à Celle devant laquelle se sont prosternés tant d'hommes de talent et de génie (1), tant de saints et de pontifes pieux, d'agréer nos hommages et de nous obtenir la guérison des plaies de notre cœur. Car quel est le cœur d'homme qui n'ait jamais péché, qui n'ait jamais souffert? Puis, après avoir ainsi salué la Reine de ces lieux bénis, examinons ensemble cette riche galerie de sculpture qui orne extérieurement la clôture du chœur (2). Ce magnifique ouvrage en pierre se compose de 40 tableaux représentant l'histoire de la Très-Sainte Vierge et les principaux traits de la vie de Notre-Seigneur; mais afin de suivre l'ordre chronologique, il nous faut aller rejoindre le côté droit du chœur. Pour utiliser nos pas, nous désignerons par leurs noms les cinq chapelles comprises dans son pourtour (3); hâtons-nous de dire que leur restauration dans le style gothique est projetée, et que cette pensée artistique autant que chrétienne ne tardera pas à être mise à exécution.

La première de ces chapelles, placée à la droite de la sacristie, est celle de *Saint Julien*, dite aujourd'hui de l'*Ecce Homo*.

---

(1) L'Église de Chartres s'honore d'avoir été visitée par trois papes, quatre reines, presque tous nos rois, une multitude d'évêques, de saints et d'illustres personnages.
(2) Commencée en 1514 sur les dessins de Jean Texier, dit Jehan de Beauce, elle ne fut terminée qu'en 1706.
(3) Autrefois ces chapelles étaient au nombre de sept, deux ont été supprimées.

La seconde est celle de *Saint Étienne* ou *des Martyrs :* elle est actuellement placée sous l'invocation du Sacré-Cœur de Marie.

La troisième, celle du rond-point, appelée aujourd'hui *Chapelle de la Communion*, était dédiée aux *Saints Apôtres ;* on la nommait souvent *la Chapelle des Chevaliers*, à cause d'une fondation que plusieurs chevaliers y avaient faite, ou *la Chapelle des Enfants de Chœur*, parce que cette messe des chevaliers devait être chantée par les enfants de chœur et célébrée par leur maître.

Entre cette chapelle et la suivante, se trouve l'escalier qui conduit à la chapelle de Saint Piat, belle construction du XIVe siècle placée au chevet de l'église. Au-dessous se trouve la salle capitulaire qui sert actuellement de salle d'étude aux enfants de la maîtrise.

La quatrième chapelle est celle de *Saint Nicolas* ou *des Confesseurs :* elle est aujourd'hui dédiée au Sacré-Cœur de Jésus.

La cinquième chapelle, appelée aujourd'hui *chapelle de tous les Saints*, était autrefois dédiée à *Saint Loup* et à *Saint Gilles*.

CLÔTURE DU CHOEUR.

Le premier groupe qui commence le récit mystique, historique et légendaire de la vie de la Très-Sainte Vierge, représente l'apparition de l'Ange à Joachim, lui annonçant la naissance d'une fille sur laquelle l'Esprit-Saint reposera.

Le 2e, l'Apparition de l'Ange à sainte Anne.
Le 3e, la Rencontre de Joachim et d'Anne.
Le 4e, la Naissance de la Très-Sainte Vierge.
Le 5e, sa Présentation.
Le 6e, son Mariage avec saint Joseph.
Le 7e, l'Annonciation.
Le 8e, la Visitation. (1)
Le 9e, Saint Joseph tiré de son doute par un Ange qui lui apparaît pendant son sommeil.

Nous allons maintenant entrer dans la vie du Sauveur des hommes :

Le 10e groupe représente la Naissance de l'Enfant-Jésus.
Le 11e, la Circoncision.
Le 12e, l'Adoration des Mages.
Le 13e, la Purification et la Présentation de Jésus au temple.
Le 14e, le Massacre des Innocents.
Le 15e, le Baptême de Notre-Seigneur.
Le 16e, la triple Tentation.
Le 17e, la Chananéenne.
Le 18e, la Transfiguration, justement admirée entre tous les autres groupes.
Le 19e, la Femme adultère.
Le 20e, la Guérison de l'aveugle-né. (2)

(1) Entre ce groupe et le suivant se trouve le cadran d'une ingénieuse horloge en partie détruite en 1793. A côté est une élégante tourelle style Renaissance, qui permettait de monter à l'horloge.
(2) Ici règne un espace où se trouvait, avant la restauration du chœur, un grand nombre de précieuses

Le 21e, Entrée de Jésus à Jérusalem : ce groupe occupe deux niches.

Le 22e, l'Agonie de Jésus.

Le 23e, la Trahison de Judas.

Le 24e, Jésus devant Pilate.

Le 25e, la Flagellation.

Le 26e, le Couronnement d'épines.

Le 27e, le Crucifiement.

Le 28e, la Descente de Croix.

Le 29e, la Résurrection.

Le 30e, l'Apparition aux saintes femmes.

Le 31e, Jésus et les disciples d'Emmaüs.

Le 32o, Jésus et Thomas.

Le 33e, Apparition de Jésus ressuscité à la Vierge Marie.

Le 34e, l'Ascension.

Le 35e, la Descente du Saint-Esprit.

Le 36e, comme Notre-Dame adore la Croix. (1)

Le 37e, le Trépassement de Notre-Dame.

Le 38e, le Portement de Notre-Dame. (2)

Le 39e, le Sépulcre de Notre-Dame.

Enfin le 40e, le Couronnement de la Sainte Vierge.

---

reliques conservées dans des reliquaires d'or et d'argent et placées sur un autel qui a également disparu.

(1) D'après la légende dorée, Marie visita fréquemment les différents endroits de la Passion de son divin Fils. C'est une de ces visites qui est représentée ici.

(2) Saint Pierre préside au convoi funèbre, saint Jean ouvre la marche, saint Jacques-le-Majeur porte le goupillon, saint Jacques-le-Mineur le rituel et le bénitier.

Ici s'arrête la série des faits racontés par la partie principale de la célèbre clôture ; il serait trop long de donner le détail des trente-cinq médaillons faisant tableaux qui ornent le stylobate de la clôture dans sa courbure absidale ; nous dirons seulement que le premier de tous, en commençant par la porte latérale du midi, représente Chartres assiégé par Rollon en 911, et que le pontife qui du haut des murailles montre aux assiégeants la sainte Tunique de la Mère de Dieu est l'évêque Gausselin. Les autres sujets sont tirés de l'Ancien-Testament, à l'exception de douze qui n'offrent que des conceptions fantastiques ou empruntées à la mythologie, et des sept derniers, lesquels sont timbrés d'une tête d'empereur romain.

CHŒUR ET SANCTUAIRE.

Entrons maintenant dans le chœur, le plus vaste qu'il y ait en France : il compte 38 mètres 34 centimètres de longueur sur plus de 16 mètres de largeur.

L'architecture du chœur et du sanctuaire a été défigurée par une masse de dorure, de stucage, de draperies de marbre. Cette fastueuse décoration fut faite au XVIIIe siècle, d'après les dessins de Louis, architecte du duc d'Orléans. Les portes latérales du chœur présentent les formes lourdes de l'art moderne. Derrière l'autel, qui est en marbre bleu turquin, se trouve en guise de rétable le groupe célèbre de l'Assomption de la Vierge (1), dans lequel les quatre figures principales, portées sur des nuages, sont admirables de pose et de fini.

Le *Trésor*, autrefois rempli des plus précieuses reliques, n'en conserve plus qu'une aujourd'hui, mais elle a une valeur religieuse au-dessus de toutes les autres : c'est le *vêtement intérieur* ou voile de la Mère de Dieu, communément appelé sainte Tunique ou *sancta Camisia*. Nous consacrerons un chapitre particulier à l'intéressante et pieuse histoire de ce palladium de la cité chartraine. Jetons maintenant un regard sur les huit tableaux de marbre blanc sculptés par Bridan et complétant le dossier des stalles. En commençant à gauche près de la grille du chœur, nous trouverons : 1º le Signe donné à Achaz par le prophète Isaïe ; 2º l'Adoration des bergers ; 3º la Présentation ; 4º le Concile d'Ephèse (2) ; 5º le Vœu de

(1) Le sculpteur Bridan, dès qu'il eût reçu les ordres du Chapitre, partit pour l'Italie où, après un séjour de deux ans et demi dans un hameau voisin de Carrare, il finit par découvrir quatre blocs de marbre du grain le plus pur, qui furent transportés à Marseille, puis à Rouen et enfin à Chartres. C'est là qu'après trois années d'un travail assidu son habile ciseau convertit cette masse de 1,640 pieds cubes de marbre en un chef d'œuvre de sculpture (1773). — Cet admirable groupe aurait été victime du vandalisme révolutionnaire si un membre de la société populaire ne l'eut sauvé de la destruction en posant un bonnet rouge sur la tête de la Vierge.

(2) On sait que ce saint Concile anathématisa en 431

Louis XIII; 6° *Mater dolorosa;* 7° l'Adoration des mages; 8° l'Immaculée-Conception.

Nous avons déjà dit qu'au magnifique jubé élevé au XIII° siècle sur les débris de celui de saint Yves, et qui s'harmonisait si bien avec le style général de l'édifice, on avait substitué deux massifs en pierre de Tonnerre qui avec une grille ferment l'entrée du chœur. A gauche on voit un tableau en haut-relief représentant le Baptême de Notre-Seigneur; de chaque côté se trouve une statue, celle de l'Espérance et de la Charité; le tableau de droite représente l'Annonciation, les deux statues la Foi et l'Humilité.

En reprenant le transept de droite et en suivant la nef nous arriverons à la chapelle de Vendôme dite des Martyrs, pratiquée entre les deux contreforts de la cinquième travée. La voûte est formée d'une seule croisée d'ogive et la clé offre les armoiries du noble comte qui la fit construire (1413). Une grande armoire pratiquée dans le mur renferme deux châsses: la première contient les ossements de saint Piat, prêtre martyr; la deuxième les reliques de saint Taurin, évêque d'Évreux, et celles de plusieurs autres Saints.

Saint Taurin et saint Piat sont en grande vénération dans le diocèse de Chartres. De temps immémorial, on invoque le premier

---

l'impie Nestorius, qui osait enseigner qu'il y a deux personnes en Jésus-Christ et que conséquemment Marie n'est pas Mère de Dieu.

pour obtenir de la pluie, et le second pour obtenir du beau temps.

Nous n'avons pas parlé de deux chapelles établies dans le transept depuis la révolution ; nous ne parlerons pas non plus de celles qui existent actuellement sous les clochers et qui sont de date encore plus récente. Outre qu'elles n'ont rien de remarquable, on peut dire qu'elles ne paraissent pas merveilleusement situées, au double point de vue de l'art et de la liturgie.

PERSPECTIVE ET PROPORTIONS.

Afin de mieux saisir l'ensemble de l'admirable édifice dont nous venons d'examiner les principaux détails, plaçons-nous devant la porte royale et convenons que si plusieurs basiliques l'emportent en étendue, en élégance ou en légèreté, nulle ne produit, même dans l'âme la moins impressionnable, une plus profonde émotion de recueillement, nulle ne peut faire vibrer avec plus de force les fibres religieuses dans le cœur de ceux qui viennent y adorer le Dieu trois fois saint et y vénérer la Vierge-Mère.

Cette belle cathédrale présente à nos regards une nef centrale et des bas-côtés à droite et à gauche ; nous avons vu qu'ils sont doubles autour du chœur et du sanctuaire. Ses proportions intérieures sont de 130 mètres de longueur sur 32 de largeur ; sa hauteur dans la partie la plus élevée de la voûte est de 37 mètres et la longueur du transept de 63.

La cathédrale rappelle dans sa hauteur le mystère de la Trinité; elle est divisée en trois parties. Au-dessus des arcades est le triforium ou galerie composée de 44 travées et formant une élégante ceinture qui presse le milieu de la basilique. Les voûtes de la nef (1) et du chœur sont les plus larges et les plus hardies de la France. 52 piliers isolés et 40 pilastres liés par les murs, soutiennent dans toute son étendue cet admirable édifice. Les murs élevés à l'entrée de la nef entre les deux tours forment une espèce d'atrium ou porche intérieur. Le buffet d'orgue adossé au côté droit de la nef n'a de remarquable que sa montre ou façade dans laquelle les travaux de sculpture signalent l'époque de transition du style gothique à celui de la renaissance.

VITRAUX.

Il est temps maintenant de contempler les admirables verrières qui, par leur nombre et leur parfait état de conservation, assurent à Notre-Dame de Chartres une sorte de supré-

(1) Le milieu de la nef, dans sa partie inférieure, a pour ornement un labyrinthe formé de marbres de diverses couleurs. Les Chartrains l'appellent *la lieue*; ce labyrinthe a 294 mètres de développement depuis l'entrée jusqu'au centre.

matie entre toutes les autres Cathédrales (1). La peinture sur verre garnit 125 grandes fenêtres, 3 roses immenses, 35 roses moyennes et 12 petites roses; presque tous ces vitraux appartiennent au XIII° siècle. Nous allons décrire en abrégé les principaux sujets des trois grandes roses et ceux des principales fenêtres, aussi remarquables par l'éclat des peintures que par la délicatesse de leur structure.

Remontons la nef jusqu'à l'entrée du chœur et considérons successivement les trois magnifiques roses qui ornent le transept et la façade principale.

1° La *rose septentrionale*, appelée rose de France parce qu'elle a été donnée par saint Louis, représente, comme les sculptures du porche, la glorification de la Sainte-Vierge, car c'était une loi chez les artistes du Moyen-Age de reproduire sur verre les sujets offerts par la statuaire. Dans le médaillon central on voit Marie debout, tenant son divin fils dans ses bras; elle est environnée des figures de douze rois de l'Ancien-Testament, de celle des douze

---

(1) Elles proviennent toutes de dons faits à la Cathédrale par la foi vive et généreuse de nos pères. La plupart de celles qui garnissent les fenêtres supérieures sont dues à la pieuse munificence de saint Louis, de saint Ferdinand, de Blanche de Castille, des chanoines de Chartres et d'un grand nombre de seigneurs français; celles de l'étage inférieur ont été données par les corporations des arts et métiers.

petits prophètes et des douze bannières de France, distribuées dans les divers compartiments. Les cinq grandes fenêtres placées sous la rose en forment l'appendice, elles offrent Marie entourée de Melchiscédech et d'Aaron, figures du sacerdoce de Jésus-Christ; David et Salomon, types de sa royauté. Dans la fenêtre centrale on voit sainte Anne portant entre ses bras la petite Marie, qui tient dans ses mains le livre de la sagesse. Au-dessous se trouve un écusson aux armes de France.

Les peintures de la grande croisée septentrionale représentent divers seigneurs et chevaliers aux écus armoriés; des princesses et de nobles dames en costume du temps. Les plus remarquables sont : Philippe, comte de Clermont et de Beauvoisis; Jean, duc de Bretagne; Mahaud, comtesse de Boulogne et de Dammartin ; et Jeanne de Boulogne, comtesse de Clermont.

2° La *grande rose du portail méridional* offre *la Glorification de Jésus-Christ*. Le Sauveur donne sa bénédiction au monde. Dans les compartiments qui l'environnent on trouve les quatre animaux, symboles mystiques des quatre évangélistes; les vingt-quatre vieillards de l'Apocalypse, des anges, et les douze bannières aux armes de Dreux.

Au-dessous de la rose méridionale se trouvent les colossales figures des quatre grands prophètes qui ont prédit la venue du Messie (Isaïe, Jérémie, Daniel, Ezéchiel), et celles des quatre évangélistes (saint Matthieu, saint Luc, saint Marc, saint Jean), qu'il choisit pour être les interprètes de sa morale divine.

L'artiste a voulu montrer par un emblème en quelque sorte matériel, le mutuel appui que se prêtent l'ancienne et la nouvelle loi. Les autres vitraux peints de la croisée méridionale représentent Henri Clément, maréchal de France, (mort en 1265) recevant l'oriflamme des mains de saint Denis, Pierre de Dreux, surnommé Mauclerc, duc de Bretagne et comte de Richemond, et sa noble épouse la comtesse Alix.

3° La *rose occidentale* représente le jugement dernier. Au centre apparaît le Sauveur des hommes environné des douze apôtres placés dans douze médaillons; sous cette rose se trouvent trois splendides verrières du XIIe siècle. La fenêtre à droite représente l'arbre de Jessé ou tige généalogique de Jésus-Christ. La fenêtre centrale rappelle les principaux traits de l'enfance de Jésus. La troisième offre les scènes principales de la passion et de la résurrection du Sauveur.

Dans les sept grandes verrières de l'abside, Marie est encore le point vers lequel convergent tous les autres personnages reproduits dans ces magnifiques vitraux, et qui sont pour la plupart les mêmes que nous avons vus se dresser sur les parois de la porte centrale du porche nord : nous n'en donnerons donc pas le détail; nous signalerons les autres vitraux du chœur qui représentent les figures de Ferdinand, roi de Castille, de saint Louis, son royal cousin; d'Amaury IV, comte de Montfort; et de Simon de Montfort, frère du précédent.

Il n'entre pas dans notre plan de parler de toutes les autres verrières qui ornent l'Église de Chartres. Nous remarquerons seulement que celles de l'étage supérieur offrent généralement les figures colossales des Prophètes, des Apôtres et d'un grand nombre de Saints et de Saintes, avec quelques scènes évangéliques et légendaires. Dans les vitraux de l'étage inférieur sont représentés des scènes de la Bible, des faits tirés de la vie des Saints et de l'histoire ecclésiastique (1).

Le peuple a donné le nom de Notre-Dame de la Belle-Verrière à l'image de la Très-Sainte Vierge figurée dans un de ces vitraux, à la droite du chœur. Elle était autrefois l'objet d'une grande vénération.

Pour finir notre pieuse et artistique pérégrination comme nous l'avons commencée, nous saluerons Marie et nous lui adresserons un regard du cœur, tandis que nos yeux fixeront sa touchante image.

---

(1) Les personnes qui voudraient faire une étude particulière des vitraux de la Cathédrale de Chartres et connaître plus en détail le reste du monument feront bien de se procurer la savante description faite par M. l'abbé Bulteau. Nous n'avons rien de plus complet ni de plus exact.

Nous allons sortir de l'Eglise supérieure par le portail septentrional, afin de descendre à la Crypte; car des sept entrées qui y donnent accès, celle qui existe de ce côté est la seule qui soit actuellement ouverte aux fidèles.

CHAPITRE IV.

DESCRIPTION DE LA CRYPTE OU ÉGLISE SOUTERRAINE DE NOTRE-DAME DE CHARTRES.

Nous avons déjà rappelé, dans notre précis historique, l'origine antique du sanctuaire de Notre-Dame de sous-terre ; nous avons vu comment la statue élevée par les Druides *à la Vierge qui doit enfanter*, fut solennellement bénite par les premiers apôtres de la Gaule centrale, saint Potentien et saint Savinien, et comment la grotte dans laquelle les Carnutes, encore païens, lui rendaient hommage, fut transformée en une chapelle chrétienne, et devint dans les siècles suivants un temple majestueux ; nous avons enfin redit les vicissitudes diverses qu'elle souffrit, les efforts couronnés des plus merveilleux succès par suite desquels le grand Fulbert répara en quelques années les effets destructeurs de l'incendie de l'an 1020, et dota sa ville épiscopale de cette admirable église souterraine dont les terroristes devaient défigurer les beautés artistiques, abattre et profaner les autels. Laissant donc le côté historique qui nous est déjà connu, nous commencerons, sans nous y arrêter davantage, la description de ces lieux bénis que, suivant la pensée d'un vieux chroniqueur, on ne peut parcourir sans être « saisi d'une certaine horreur et d'une singulière dévotion ».

DIMENSION DE LA CRYPTE, SES DIVERSES ENTRÉES.

La Crypte chartraine, la plus vaste et la plus remarquable qui existe en France, compte 110 mètres de longueur totale ou 220 mètres de circuit sur une largeur moyenne de 5 à 6 mètres. Elle s'étend sous toutes les parties des bas-côtés et de l'abside de l'église supérieure, formant comme une galerie souterraine dont le prolongement est seulement interrompu, du côté du nord, par la chapelle de Notre-Dame de sous-terre.

Avant d'y pénétrer, il nous faut parcourir une galerie construite après l'incendie de 1194 : trois autres semblables règnent dans toute la longueur du transept (1). Cette galerie est obscure (2), mais en jetant nos regards à droite, après l'avoir parcourue nous apercevons un endroit plus éclairé où se trouve un escalier conduisant sous le clocher neuf. Tournons maintenant à gauche, du côté du chevet

(1) A la hauteur de celle de Notre-Dame du Pilier de l'église supérieure.
(2) Percée autrefois de petites fenêtres cintrées, la Crypte était moins obscure qu'elle ne l'est aujourd'hui.

de l'église, et à la lueur vacillante des lampes appendues de distance en distance à la voûte, symboles touchants de foi, de prière et d'amour, nous découvrons dans le lointain l'autel de Notre-Dame de soubs-terre.

CHAPELLE DE NOTRE-DAME DE SOUBS-TERRE.

Approchons-nous du sanctuaire, et après avoir adoré du plus profond de nos cœurs le Très-Saint Sacrement, élevons nos regards au-dessus de l'autel pour contempler la nouvelle statue de la Vierge-Mère qui est venue reprendre la place séculaire que l'ancienne y occupait (1). Le baldaquin fixé à la voûte et qui surmonte la statue représente le firmament étincelant des astres du jour et de la nuit. La peinture symbolique des murs rappelle et les prophéties touchant la maternité divine et la glorieuse réalisation des figures de l'ancienne Loi dans les mystères de la Loi nouvelle qui se rapportent à l'incarnation du Verbe. Il serait trop long de détailler tous les pieux emblèmes qui ornent les murs et parmi lesquels figurent au premier rang les principales invocations des litanies de la Sainte Vierge ; qu'il nous soit cependant permis de dire qu'ils révèlent chez le savant archéologue

(1) Un de nos derniers chapitres sera spécialement consacré à Notre-Dame de soubs-terre ; nous n'entrerons donc pas ici dans de plus longs détails.

M. P. Durand, qui a dirigé tous ces travaux et fourni tous ces dessins, une parfaite connaissance de la symbolique chrétienne et un sentiment profond de son art au point de vue religieux.

Le magnifique autel de pierre, en style roman, donne bien l'idée de la fermeté et de la stabilité qui caractérisent la pierre angulaire de l'édifice catholique, c'est-à-dire Notre-Seigneur Jésus-Christ, sacrificateur et victime sur nos autels.

Le carrelage, formé de carreaux en terre cuite de couleur rouge et blanche, ressemble à une mosaïque du plus bel effet.

La grille qui ferme le sanctuaire rappelle les chefs-d'œuvre de ferronnerie antique; les barreaux formant son réseau ont été ciselés au burin et terminés à la lime comme un objet d'orfévrerie.

La voûte et la partie supérieure des murailles sont couvertes de peintures faites sous Louis XIII et dont la plupart représentent des sujets évangéliques. Sous ces peintures on vient d'en découvrir d'autres qui remontent au XIIe siècle.

Les lampes et les cœurs suspendus dans le sanctuaire et dans le reste de la chapelle sont autant d'ex-voto offerts par la piété des serviteurs de Marie.

CHAPELLE DES SAINTS-FORTS.

La chapelle des Saints-Forts Savinien, Potentien et autres martyrs, que nous avons à notre droite et dont les brillantes dorures scintillent aux pâles rayonnements du flambeau qui nous éclaire, offre à notre admiration son armoire artistement ciselée et contenant dans un reliquaire une petite partie du voile de la Très-Sainte Vierge.

Ce reliquaire est un des objets les plus précieux de l'église de Chartres, et l'un des plus beaux triptyques du XIIIe siècle. Fait en forme d'édicule avec pignon et toit, il est en chêne recouvert de cuivre doré et émaillé. A l'extérieur on voit sur la porte une double main divine, et les douze Apôtres assis au-dessous reçoivent sur leur tête des rayons qui s'en échappent.

A l'intérieur on voit sur les portes, d'un côté Jésus-Christ et de l'autre la Sainte Vierge. Au fond se trouve un crucifix moderne à la place de l'ancien qui a disparu ; de chaque côté de la croix, Marie et saint Jean, l'Eglise et la Synagogue.

La montre vitrée appliquée sur le mur qui fait face à l'autel renferme deux colliers de coquillages marins offerts à Notre-Dame de Chartres, à la fin du XVIIe siècle, par les Hurons et les Abnaquis.

Ne quittons pas la chapelle du Pélerinage sans demander à Marie quelque grâce particulière, car le cœur de cette bonne Mère est une source de miséricorde et d'amour à laquelle nous pouvons toujours puiser sans craindre de jamais la tarir.

L'étranger qui n'a jamais visité ce saint lieu croit que la Crypte ne s'étend pas au-delà, parce qu'une cloison ne permet pas aux regards de plonger plus avant. Cette cloison n'existait pas autrefois ; elle a été probablement construite au XVIIe siècle, pour faciliter la décoration de la chapelle de Notre-Dame. C'est sans doute à la même époque qu'on a pratiqué le couloir qui fait communiquer la chapelle du Pélerinage avec le reste de la Crypte.

A gauche de la chapelle de Notre-Dame, un large escalier conduit au dehors de l'église, près de l'évêché. C'était autrefois une des entrées principales de la Crypte. A droite de l'escalier, plusieurs tables de marbre, fixées à la muraille, nous disent que Marie aime à exaucer les prières qu'on lui adresse dans son sanctuaire privilégié.

Ouvrons la porte qui est au bas de l'escalier, pénétrons dans le couloir et allons visiter les autres chapelles qui viennent d'être rendues au culte.

Outre les restes précieux, malheureusement trop rares, que l'antiquité nous a laissés, nous aurons à remarquer surtout les gracieux autels, la savante ornementation et les dessins si habilement variés du carrelage de ces chapelles.

CHAPELLES DU POURTOUR DE LA CRYPTE.

1. *Chapelle de sainte Véronique,* convertie en sacristie dès 1620. Dans l'ébrasement d'une ouverture qui la faisait autrefois communiquer avec la chapelle voisine, on voit encore des peintures du XIIIe siècle.

Vis-à-vis cette chapelle se trouve l'entrée d'un grand caveau fermée par une élégante porte de fer d'un charmant dessin et d'un travail exquis (1).

La ville de Chartres n'offre pas d'endroit plus intéressant à visiter. On y voit d'énormes piliers du Xe siècle et des restes de constructions qui remontent à l'époque mérovingienne.

Ce caveau est l'ancien martyrium de l'église de Chartres. On nommait ainsi le lieu placé sous l'autel principal et où l'on conservait les reliques des martyrs. Plus tard, le caveau servit à mettre en sûreté, durant les guerres, les richesses du trésor de la Cathédrale. On y descendait du sanctuaire par un escalier qui existe encore. A l'entrée du caveau, sur la droite, est une basse-fosse dans laquelle on cachait la sainte Châsse, qui renferme la Tunique de la Mère de Dieu.

Le caveau vient d'être transformé en une

(1) Cette porte et celle de l'armoire aux reliques, ainsi que les grilles des chapelles de Notre-Dame sous-terre et de Notre-Dame du Pilier, ont été faites par Letellier, serrurier à Chartres, d'après les dessins de M. P. Durand.

chapelle dédiée à saint Lubin, qui de simple berger fut élevé au siége de Chartres à cause de ses éminentes vertus, et dont le culte a toujours été si populaire dans toute la contrée.

Un gracieux autel s'élève entre les deux piliers carrés qui occupent le milieu du caveau.

La niche pratiquée derrière l'autel renferme une relique insigne de saint Lubin, due à la pieuse munificence de Mgr l'Évêque de Blois. La possession de ce trésor nous dédommage du moins en partie de la perte immense que nous avons faite : l'église de Chartres possédait autrefois le chef de son vénéré pontife, mais il lui a été ravi avec presque toutes ses richesses.

Ce petit sanctuaire aura été restauré avec les offrandes que les enfants des écoles des campagnes se sont empressés de recueillir.

2. *Chapelle de saint Joseph*. Elle était autrefois consacrée à saint Christophe, et l'on y remarque des peintures murales du XIIe siècle. La confrérie de Notre-Dame de Chartres s'est chargée de la restauration de ce beau sanctuaire.

3. *Chapelle de saint Fulbert*, évêque de Chartres. L'autel est dû à la munificence de Mgr Pie, évêque de Poitiers. On croit que saint Fulbert est né dans le Poitou.

4. *Chapelle de saint Jean-Baptiste* : c'est la chapelle absidale de la Crypte. Saint Jean-Baptiste est le second patron de l'église : voilà pourquoi son sanctuaire est plus riche et plus

orné que tous les autres. Les peintures qui le décorent sont symboliques et rappellent facilement les principaux traits de la vie du saint Précurseur.

Pour sa forme et son ornementation, l'autel est un modèle de bon goût et de noble simplicité.

Vis-à-vis la chapelle on a placé trois statues de pierre : celle du milieu représente la Sainte Vierge, la seconde saint Jean-Baptiste et la troisième saint Fulbert.

5. *Chapelle de saint Yves,* évêque de Chartres. Mgr Regnault a voulu la restaurer à ses frais pour honorer la mémoire d'un de ses plus illustres prédécesseurs. Sur une des fenêtres on voit figurer les armes de Sa Sainteté Pie IX, et sur l'autre celles du vénérable prélat.

6. *Chapelle de sainte Anne.* Sainte Anne devait avoir une place d'honneur dans la maison privilégiée de son auguste Fille. D'ailleurs l'Église de Chartres possède depuis six siècles sa plus insigne relique, son chef vénéré, sur lequel les chanoines prêtaient autrefois serment au jour de leur installation.

L'association des *Mères chrétiennes* de la ville de Chartres s'est chargée de la restauration de cette chapelle.

7. *Chapelle de sainte Madeleine.* Elle a été restaurée au nom du tiers-ordre de saint François, établi à Chartres depuis plusieurs années.

Entre cette chapelle et la suivante se trouve l'entrée principale de la Crypte. La porte, qui date du XIIe siècle, est décorée de colonnes et d'archivoltes.

Au-delà, sur la gauche, se trouve un monument gallo-romain; c'est une énorme pierre sur laquelle on voit un personnage grossièrement sculpté, revêtu de la robe et du manteau.

8. *Chapelle de saint Martin.* On y a réuni et mis en ordre les parties les mieux conservées de l'ancien jubé; c'est en fait de sculpture ce que le XIIIe siècle peut offrir de plus délicieux.

Nous n'avons pas besoin de faire remarquer l'élégante grille de bois qui ferme l'entrée.

La restauration de cette chapelle est un ex-voto offert à Notre-Dame de Chartres par une famille chrétienne, au nom de la conférence de Saint-Vincent-de-Paul.

9. A droite, *chapelle de saint Clément et de saint Denis.* On y voit des restes curieux de peinture à fresque de la fin du XIIe siècle.

10. A gauche, la *chapelle de saint Nicolas.* Au fond de ce petit sanctuaire se trouve actuellement le tombeau de saint Calétric, évêque de Chartres, qui vivait au milieu du VIe siècle. Bien qu'il ne renferme plus les cendres du saint pontife, c'est un monument précieux qui doit être cher à la piété des Chartrains. Sur le couvercle, on lit cette inscription :

☦ HIC REQUIESCIT CHALETRICUS EPS CUJUS DULCIS MEMORIA PRIDIE NONAS SEPTEMBRIS VITAM TRANSPORTAVIT IN COELIS; *ici repose l'évêque Calétric, dont la mémoire est douce : il est allé vivre dans les cieux le jour d'avant les nones de septembre.*

Ce tombeau n'a été transféré que depuis peu dans la Crypte, car il est bon de remarquer en passant qu'il n'y a jamais eu de monument funèbre dans l'église de Chartres : c'est ce que nous rappelle une inscription gravée sur une table de marbre placée en cet endroit.

Les chapelles de la crypte sont donc au nombre de douze, sans comprendre celle de saint Lubin ou du Martyrium.

Une belle porte du XVIIe siècle ferme ici la galerie pour faciliter la surveillance de l'église.

Au-delà, sur la gauche, on trouve une piscine du XIIe siècle surmontée d'une fresque de l'époque qui représente la naissance de Jésus-Christ. Plus loin, nous voyons à notre droite un remarquable baptistère du XIIe siècle; enfin nous arrivons à l'escalier qui conduit de la Crypte dans l'intérieur de la Cathédrale; l'autre escalier latéral a la même destination. Ces deux escaliers permettent de faire le tour de la Crypte et de rentrer dans l'Eglise supérieure sans revenir sur ses pas. Mais comme ils ne sont pas ordinairement à la disposition du public et que le terre-plein qui tient la place de la principale nef de la Cathédrale nous empêcherait de regagner l'autre côté, force nous sera de faire de nouveau le tour de l'abside; nous profiterons des courts moments qui nous restent à demeurer ensemble pour entrer dans quelques détails archéologiques.

ARCHITECTURE.

Parmi les chapelles dont nous avons admiré l'artistique décoration, trois seulement datent de la construction même des Cryptes; on les reconnaît à leurs voûtes construites en berceau. Ce sont les chapelles de sainte Anne, de saint Jean et de saint Joseph. Les autres portent le cachet du XIIIe siècle par la forme ogivale des fenêtres et des nervures qui se croisent aux voûtes. Les clefs sont ornées de feuilles végétales. Le reste de la Crypte est voûté en plein-cintre; les arcs doubleaux retombent sur de larges pilastres sans sculpture. Les portes elles-mêmes n'ont aucune nervure, excepté la porte du midi. En rentrant, faisons une deuxième station devant Notre-Dame de soubsterre, puis jetons en passant un regard sur les antiques peintures murales qui couvrent les parois de la chapelle et, avant de sortir de la Crypte, désignons près de l'escalier que nous avons en face, l'emplacement des cellules où demeuraient autrefois les *Sœurs de sous-terre* pour la garde *des saints lieux*; enfin en saluant encore une fois de loin le vénéré sanctuaire, reprenons l'allée où se trouve l'escalier de sortie.

L'heure est écoulée, notre programme est rempli; néanmoins il nous reste encore à fournir à la piété des pèlerins un aliment pendant le reste de cette journée, qui, nous n'en doutons pas, leur laissera de doux et d'impérissables souvenirs. C'est ce que nous essaierons de faire dans les chapitres suivants.

CHAPITRE V.

PÉLERINAGE DE NOTRE-DAME DE SOUS-TERRE.

Dieu est présent partout, sa puissance est infinie comme tous ses autres attributs : elle ne saurait donc être circonscrite dans le cercle étroit des temps et des lieux. Néanmoins il est constant que, par un effet de sa miséricorde et de son amour, il daigne manifester son souverain pouvoir avec plus d'éclat dans certaines contrées, dans certains sanctuaires, devant certaines images, et donner à la dévotion des peuples la plus irréfragable de toutes les sanctions, celle des miracles. Bien loin donc de scruter orgueilleusement les desseins de la Providence, humilions notre vaine sagesse, et au lieu de discuter au divin Maître de la nature le droit de déroger aux lois générales qu'il lui a tracées, reconnaissons son infinité, avouons notre impuissance, recourons avec confiance à sa bonté, et choisissons pour lui présenter les vœux et les besoins de notre âme Celle qu'un cœur d'homme n'invoqua jamais en vain, Celle qui, sous le doux titre de la *bonne Nostre-Dame*, n'a pas cessé pendant plus de dix-huit siècles de manifester, par d'étonnants prodiges, la puissance d'intercession qu'elle a reçue de son divin Fils.

Cependant nous le savons, et nous ne pouvons y penser qu'avec larmes, il vint un temps où furent interrompus les chants sacrés dont naguère encore retentissait la Crypte chartraine, l'autel antique fut renversé, sa statue mutilée, et comme si les impies eussent conservé jusque dans leur rage sacrilége un reste de foi, ils en livrèrent les débris aux flammes(1), craignant qu'une vertu surnaturelle n'y restât encore attachée.

Après les jours de terreur révolutionnaire, l'église Cathédrale fut rendue au culte, et les habitants de la cité chartraine, si dévots à Marie, se montrèrent fidèles à l'invoquer et à lui rendre hommage; mais si la Vierge du Pilier était toujours pieusement visitée, la chapelle de soubs-terre restait déserte, et le nombre assez restreint des pélerins étrangers prouvait que, semblable à une source amoindrie, l'Église de Notre-Dame n'offrait plus à leurs cœurs avec la même abondance ce rafraîchissement céleste dont ils étaient inondés dans l'antique sanctuaire, aux pieds de la statue prophétique de la *Vierge aux miracles !* C'est qu'on peut dire qu'à Chartres le lieu principal c'est l'église de soubs-terre, le temple supé-

---

(1) Sur la place de la Cathédrale.

rieur n'est que l'accessoire, et selon la pensée d'un de ses plus éloquents panégyristes, Mgr de Poitiers, il n'a été construit avec tant de magnificence que pour décorer la grotte primitive des Druides!

Mais ouvrons nos cœurs à l'espérance : les jours de deuil pour l'Église de Chartres sont finis, l'antique sanctuaire de Marie est rendu au culte, la statue de la Vierge-Mère domine son autel relevé et béni ; la Crypte entière est sortie de ses ruines, une pléiade glorieuse de saints replacés dans les chapelles antiques lui servent de couronnement, le flot des pèlerins a repris son cours et les insignes faveurs qu'ils reçoivent dans ces lieux vénérés se traduisent par de pieux ex-voto qui brillent à la voûte de la chapelle comme des étoiles scintillant au firmament. Que notre foi donc se ranime à la pensée des merveilles qui se sont accomplies dans cette enceinte sacrée où vinrent s'agenouiller, à partir du XIe siècle (1), la plupart

---

(1) Charlemagne se montra généreux envers Notre-Dame de Chartres. La dévotion de Charles-le-Chauve s'est manifestée par le don le plus précieux, celui de la sainte Tunique de Marie. Parmi les illustres pèlerins de Notre-Dame de Chartres, nous citerons en particulier le bon roi Robert, Philippe II qui vint courber devant l'autel de Marie ce front auguste qui devait être bientôt orné des lauriers de Bouvines; Louis IX, Philippe-le-Bel, vainqueur des Flamands à Mons-en-Puelle, par suite d'un vœu fait à Notre-Dame; Philippe de Valois; le bon roi Jean; le sage Charles V, Louis XII,

de nos rois, où tant de malades, d'infirmes, furent rendus à la santé, où la France fut solennellement consacrée à Marie par le fils d'Henri-le-Grand, où la pieuse Anne d'Autriche, priant dans son cœur comme autrefois la mère de Samuel, obtint la grâce qu'elle sollicitait avec tant d'ardeur de donner un fleuron royal à la couronne des lys, où des saints tels que François de Sales, Vincent de Paul et Joseph Labre, ce glorieux pauvre de Jésus-Christ, des hommes tels que les Bourdoise, les Bernard, les Olier, vinrent ranimer leur ferveur et solliciter pour leurs œuvres pies les bénédictions de la Reine du Ciel !

Ah ! qu'il nous soit ici permis d'appliquer au recours à Marie cette dénomination que les Druides donnaient fastueusement à leur plante

---

Henri II, Henri III qui s'y rendit dix-huit fois, Henri IV qui voulut y être sacré ; plusieurs reines, trois papes : Pascal II, Innocent II, Alexandre III ; saint Anselme, saint Thomas de Cantorbéry qui vint se préparer à la mort en priant la Reine des martyrs. Bernard, le saint ami de l'évêque Geoffroy, le conseiller des papes, l'oracle de l'Église, le panégyriste par excellence de Marie, prêcha à Chartres les deux Croisades et vint inspirer son sublime génie en invoquant Notre-Dame de soubs-terre ; saint Ferdinand d'Espagne, le vainqueur des Maures ; le pieux Louis, comte de Vendôme ; Bayard, le chevalier sans peur et sans reproche, et une foule d'autres personnages marquants tinrent à honneur de venir déposer aux pieds de la bonne Dame de Chartres le tribut de leurs hommages et l'expression de leur amour.

sacrée : « *Remède à tous les maux* » et dans l'élan d'une pieuse confiance demandons-lui de fortifier nos faiblesses, d'adoucir nos souffrances, de calmer nos douleurs et de sécher nos larmes... Conjurons-la aussi, avant de nous éloigner de ce séjour du recueillement et de la prière, de bénir le pieux pontife dont le nom, gravé par la reconnaissance dans le cœur de tous les pèlerins de Notre-Dame, sera pour toujours associé à celui de l'immortel fondateur de ce sanctuaire vénéré.

CHAPITRE VI.

LA SAINTE TUNIQUE DE LA TRÈS-SAINTE VIERGE.

La dévotion de la ville de Chartres envers la Très-Sainte Vierge repose sur un double principe ; elle roule pour ainsi dire sur un double pivot, la statue druidique et la Tunique de la Mère de Dieu qui est révérée dans la Cathédrale depuis près de mille ans. Envoyée, dit-on, par l'impératrice Irène à Charlemagne, cette relique insigne fut offerte, vers l'an 876, par Charles-le-Chauve (1), petit-fils de grand

(1) L'histoire de cette translation est représentée dans l'un des vitraux de la Cathédrale. L'historien Souchet donne pour raison de cet inestimable présent que ce prince était très-religieux et qu'il faisait beaucoup d'état des reliques des Saints. Le vêtement de Marie avait été, par suite d'une pieuse fraude, transporté à Constantinople dans le Ve siècle, sous le règne de Léon-le-Grand, qui fit élever pour l'y déposer un temple magnifique dans le faubourg des Blaquerius, le regardant comme un palladium pour sa ville impériale, le rempart le plus inexpugnable du siége de son empire, et qui devait le défendre à tout jamais contre les ennemis du dehors. *Veluti invictum perpetuumque urbis præsidium.* (Nicéphor Calix. Hist. eccl., lib. xv, cap. 24.)

prince, à l'église de Chartres, comme étant le centre du culte de vénération et d'amour rendu à Marie dans toute l'étendue de son royaume.

Le voile ou vêtement intérieur de la Très-Sainte Vierge reçut de la voix populaire le titre de Sainte Tunique ou de *Sancta Camisia:* de là la forme qui lui est donnée sur les armes du chapitre; c'est qu'en effet ce voile en tenait lieu, jusqu'à un certain point, chez les femmes de la Judée, puisqu'après avoir couvert la tête il se croisait sur la poitrine et enveloppait aussi le corps à l'intérieur, sous le manteau dont les juives avaient coutume de se couvrir. Le tissu de ce voile est d'une étoffe de soie écrue; un savant en renom, consulté par Mgr de Lubersac, déclara, à la seule inspection, sans connaissance préalable de l'objet, que ce tissu venait d'Orient, qu'il était d'usage pour les femmes dans ces contrées, et que son antiquité devait être de près de deux mille ans. Il ne faut pas s'étonner que l'humble Vierge de Nazareth se soit servie d'une étoffe précieuse chez les Hébreux, car, si modeste que fut la condition de Marie sur la terre, la fille des rois de Juda ne devait pas être dans un dénuement absolu et pouvait très-bien posséder un de ces vêtements qui se transmettaient de génération en génération dans toutes les familles anciennes, lors même qu'elles étaient déchues de leur première splendeur. Quant aux preuves de la tradition constante et publique depuis la donation faite par Charles-le-Chauve, elle est attestée par les divers procès-verbaux et la succession des faits relatés dans les histoires de l'église et de la ville de Chartres.

Le respect pour cette précieuse relique a toujours été si profondément gravé dans le cœur des habitants de l'antique cité, que les révolutionnaires eux-mêmes, dont la cupidité était excitée par la richesse de la châsse qui la renfermait, décidèrent, lorsqu'ils spolièrent le *Trésor*, qu'elle ne serait ouverte que par des ecclésiastiques. Le Saint Vêtement, long alors de quatre aunes et demie (on le morcela en différentes parties à cette époque), fut religieusement retiré de son coffre doré. Il était enveloppé d'un voile de gaze que l'on conserve encore et dont les ornements byzantins portent à croire qu'il appartenait à l'impératrice Irène. Les deux portions principales de la relique sainte, après être quelque temps restées entre les mains de ceux qui avaient ordonné la destruction de la châsse, passèrent entre celles de personnes pieuses qui les rendirent fidèlement à Mgr de Lubersac, après le retour en France de ce généreux confesseur de la foi. Une enquête constata l'identité de la relique, qui fut renfermée dans un coffret de vermeil (1820), sur lequel Mgr de Latil, nommé en 1821 à l'évêché de Chartres nouvellement rétabli, fit placer deux cœurs en or donnés par la fille du roi martyr. Ce coffret fut ensuite placé dans une châsse en cuivre doré représentant un édifice gothique. Mais, le 9 juillet 1849, sous l'épiscopat de Mgr Clausel de Montals, cet illustre prélat, si jaloux de l'indépendance de l'Eglise et de la gloire de Marie, le saint Vêtement fut de nouveau tiré du coffre massif, qui en dérobait la vue aux fidèles, pour être placé dans un petit coffret de bois de cèdre pourvu de six ouvertures, lequel fut ensuite déposé dans un autre en cuivre ciselé et doré en forme de reliquaire du Moyen-Age, dû à la munificence de mademoiselle de Byss.

La sainte relique contenue dans cette châsse est composée de deux morceaux, dont l'un est long de deux mètres douze centimètres sur quarante centimètres de largeur, et l'autre long de vingt-cinq centimètres sur vingt-quatre de large (1). Elle forme plusieurs plis gradués et se trouve assujettie par six cordons d'or liés deux à deux et terminés par deux glands également d'or. L'enveloppe de gaze pliée par dessous laisse apercevoir une partie de ses franges et de ses ornements byzantins. Le coussin sur lequel est déposé le saint Vêtement est recouvert de drap d'or. Cette heureuse disposition permet aux fidèles admis à vénérer la précieuse relique, de la voir parfaitement à travers les ouvertures quadrifoliées et garnies de verres qu'on a ménagées dans les parois antérieures et postérieures de la châsse.

(1) Une autre partie moins considérable est renfermée dans un reliquaire déposé à la Crypte dans la chapelle des Saints-Forts.

Nous ne terminerons pas cet historique du saint Vêtement, l'une des gloires de notre Cathédrale et sa plus précieuse richesse, sans relater quelques-uns des faits qui, mieux encore que toutes les attestations écrites, prouvent qu'il a véritablement appartenu à la Très-Sainte Vierge; car Dieu ne mettra jamais les miracles au service de l'erreur, ils ont été et seront toujours l'apanage exclusif de la vérité.

L'an 911, moins de cinquante ans après le don fait à l'Église de Chartres par Charles-le-Chauve de la tunique de la Mère du Sauveur, cette ville fut assiégée par Rollon, le plus illustre de tous les chefs de ces hordes normandes qui envahirent la France aux IXe et Xe siècles. Les habitants de l'antique Autricum, pressés par cet ennemi formidable, appelèrent à leur secours Richard, duc de Bourgogne. Celui-ci accourut à leur appel et fit contre les assiégeants une vigoureuse sortie; néanmoins les Normands conservaient l'avantage, lorsque l'évêque Gausselin, divinement inspiré, va se placer sur le haut de la porte neuve, exposant aux regards des païens la tunique intérieure de Notre-Dame. A cette vue, Rollon pâlit et chancelle; ses fiers compagnons, subitement saisis d'une sainte frayeur, cessent d'attaquer les Chartrains, et sur l'ordre de leur chef se retirent en bon ordre, montrant par là qu'ils cédaient plutôt à un ascendant surnaturel qu'à la crainte des hommes. Ce qui a fait dire à un auteur presque contemporain ces remarquables paroles : « Prince belliqueux, ne rougis pas de ta défaite; ce ne sont ni les Français ni les Bourguignons qui te mettent en fuite, mais la tunique de la Mère de Dieu. »

Trois cent cinquante ans environ après ce mémorable événement, les Anglais, ces ennemis non moins redoutables que les Normands, s'avançaient sous la conduite d'Édouard III vers la capitale du royaume ; mais Chartres, la cité fidèle, ayant fermé ses portes au monarque anglais, celui-ci résolut d'en former le siége avant de tourner ses armes contre Paris, qu'il espérait facilement réduire en l'absence de l'infortuné Jean-le-Bon que l'invincible Prince-Noir avait fait prisonnier dans les champs de Poitiers. Vainement le dauphin Charles s'efforçait-il de proposer à Édouard une paix si nécessaire à la France épuisée, vainement le royal captif, par son courage à porter ses fers, excitait-il les généreuses sympathies de ses ennemis, le monarque anglais rejetait tout accommodement et roulait dans son cœur des pensées de destruction et de vengeance. Dans cette extrémité, les pieux habitants de Chartres tournent leurs regards vers leur bien-aimée Souveraine, la conjurant de rendre le trône des lys à son roi et la paix au royaume. Tandis qu'ils veillaient et priaient dans le jeûne et dans les larmes, un épouvantable orage éclate tout-à-coup, la violence des vents arrache les tentes de l'ennemi, une grêle d'une grosseur prodigieuse écrase hommes et chevaux, une pluie diluvienne succède à la grêle, et des torrents impétueux emportent tout ce qu'ils rencontrent. Edouard épouvanté croit entendre dans les rugissements de la tempête la voix du ciel qui lui reproche sa cruelle ténacité, et se tournant vers le temple de Marie, dont il aperçoit les tours majestueuses, il tombe à genoux au milieu des débris et des cadavres des siens, et promet solennellement à la Très-Sainte Vierge d'épargner sa ville de prédilection et de faire cesser la guerre si elle le soustrait à ce péril extrême. A peine a-t-il formé son vœu que l'ouragan s'apaise, la foudre cesse de gronder, les nuages se dissipent, le temps redevient serein. La paix est signée à Brétigny quelques jours après, et Chartres voit le monarque anglais entrer dans ses murs non plus en ennemi, mais en dévot pélerin.

Laissons maintenant les siècles écoulés, et terminons nos citations que nous sommes forcé d'abréger par le récit d'un fait d'autant plus émouvant qu'il est contemporain et dont un grand nombre d'entre nous ont été les heureux témoins.

C'était en 1832 : le choléra, cet épouvantable fléau que l'Asie avait vomi sur l'Europe, sévissait d'une manière terrible dans notre belle patrie, et Chartres comptait déjà parmi ses habitants un grand nombre de victimes (1),

---

(1) Cent soixante personnes avaient succombé à la

quand l'évêque de cette ville, Mgr Clausel de Montals, ordonna que la Sainte-Châsse serait processionnellement portée dans toute la ville et voulut lui-même présider cette émouvante cérémonie. En conséquence, le dimanche 26 août, les principales rues de la cité se trouvèrent sillonnées par un flot de peuple suivant, dans l'attitude du recueillement et de la prière, la relique vénérée, sauvegarde, égide tutélaire de la cité carnute. Bien loin que cette agglomération produisît les tristes effets que la seule prudence humaine aurait pu en attendre, le choléra cessa tout-à-coup (1) et tous ceux qui en avaient déjà reçu les pernicieuses atteintes entrèrent en convalescence. Marie avait tout purifié sur son passage; au lieu de l'infection et de la mort elle avait laissé après elle la santé et la vie (2).

Une procession commémorative a lieu chaque année depuis cette époque dans l'Église cathédrale, et une médaille d'argent fréquemment exposée devant la statue de Notre-Dame du Pilier rappelle aux pieux habitants de

violence de l'épidémie, et la veille de la procession on avait compté dix-neuf décès.

(1) On doit cependant signaler deux exceptions qui ne donnent que plus d'authenticité au miracle de cette heureuse délivrance. Deux hommes en parfaite santé osèrent insulter la procession à son passage: saisis presque immédiatement par l'inexorable fléau, ils périrent au milieu des convulsions et des angoisses.

(2) Mandement de Mgr de Montals.

Chartres cette nouvelle preuve du pouvoir et de la protection de Marie.

Les nombreux et précieux ex-voto autrefois déposés dans le trésor de la Cathédrale attestaient de la reconnaissance provoquée par les bienfaits de la Très-Sainte Vierge. Hélas! ils étaient d'une trop grande valeur pour échapper à la rapacité des vandales modernes. Nous ne parlerons donc ici que pour mémoire du bâton de pèlerin de Jean-le-Bon, virolé d'argent et surmonté d'une fleur de lys en vermeil; de la Vierge d'or et d'un reliquaire du même métal offerts par Jean, duc de Berry; de la croix d'émeraudes enrichie de rubis, de perles et de turquoises, et d'une Vierge d'ambre et or, données par Henri III ; d'une magnifique châsse à compartiments destinée à renfermer des parcelles de la vraie Croix et d'autres saintes reliques dont Henri IV enrichit le trésor de Notre-Dame le 28 février 1594, jour de son sacre; de la Vierge bleue, ainsi nommée de son manteau émaillé d'azur ; de plusieurs reliquaires, calices, burettes, pierres précieuses, dus à la pieuse libéralité des pèlerins. Toutes ces richesses, et tant d'autres dont le détail nous échappe (1), étaient placées

(1) Nous n'avons parlé ni de l'armure de Philippe-le-Bel, ni du pourpoint du jeune Charles son fils, offerts à Notre-Dame après la bataille de Mons-en-Puelle, parce qu'ils sont conservés dans le musée chartrain. — Philippe de Valois, victorieux à Cassel, offrit également à Marie ses armes. Toutes ces différentes

en trois différents endroits du chœur. La reine Marie de Médicis fit élever au-dessus du principal de ces trésors un dôme d'ordre corinthien soutenu par quatre colonnes cannelées posées sur des piédestaux dont les panneaux représentaient des prophètes et des sybilles.

Parmi les objets précieux qui nous restent, nous mentionnerons une nacelle de nacre de perles ornée d'ouvrages d'orfévrerie sur un pied de vermeil, donnée par Mgr Mile d'Illiers, évêque de Luçon, ancien doyen de Chartres, et servant à conserver des parfums et de l'encens; nous devons signaler aussi la magnifique robe offerte par M. Olier, le dévot par excellence à Notre-Dame de Chartres. Mais ce qui sera toujours le principal trésor de la Cathédrale de Chartres, c'est la sainte Tunique de Notre-Dame, et celui-là, les continuelles marques de la protection de Marie nous autorisent à le croire, ne lui sera jamais enlevé.

armures étaient autrefois suspendues devant Notre-Dame du Pilier, le jour anniversaire de ces glorieux événements.

CHAPITRE VII.

LA VIERGE-NOIRE OU LA VIERGE DU PILIER.

Le premier des deux titres donnés à cette vénérable image vient de la couleur du bois dont elle est formée (1) ; le second, de la place qu'elle occupa de 1520 à 1763 sur une colonne élevée sous les arcades du jubé ; du pilier auquel elle fut adossée lors de la destruction du magnifique ambon sa première demeure, et enfin de la seconde colonne sur laquelle elle fut élevée en 1806 par l'abbé Maillard, curé de la Cathédrale, après qu'il l'eut retirée de la Crypte où elle gisait couchée sans honneur sur la terre nue, depuis les jours de si néfaste mémoire pour l'Eglise et pour notre chère patrie.

(1) Conformément à ce passage du Cantique des Cantiques : *Nigra sum sed formosa*, Je suis noire mais belle. Cette statue est fort remarquable, le vêtement qui la couvre empêche d'en apercevoir le travail et de juger du mérite de sa composition. La première mention qui en est faite remonte à l'an 1497. L'évêque constitutionnel Bonnet la fit enlever de sa colonne en 1791, pour y placer la Vierge de soubs-terre, et la relégua dans un coin de la Crypte.

La Vierge-Noire, à partir de la fin du XVe siècle, fut en grande vénération dans la Cathédrale de Chartres, et si les pèlerins et les dévots serviteurs de Marie portaient leurs premiers hommages à Notre-Dame de soubs-terre, ils ne quittaient pas l'Eglise supérieure sans avoir déposé aux pieds de Notre-Dame du Pilier le tribut de leur reconnaissance et de leurs prières. « L'affluence y est si commune et si grande, dit le naïf et bon Rouillard, que la colonne de pierre qui soutient la dite image se voit cavée des seuls baisers des personnes dévotes et catholiques » (1). Ces pieuses manifestations d'une foi vive et tendre n'ont pas cessé un seul jour de se renouveler, à partir de l'heureux moment où la miraculeuse statue a été rendue à la vénération des fidèles (2). Neuf lampes ardentes et sept lustres resplendissants forment une brillante couronne dans son riche sanctuaire (3). Le couronnement solennel de Notre-Dame du Pilier au nom du Souverain

---

(1) Parthénie, page 135.

(2) Mgr de Montals avait fait vœu de passer tous les samedis une demi-heure aux pieds de la Vierge-Noire; fidèle à sa promesse, le samedi 3 janvier 1857, veille de sa mort, ce pontife vénérable était encore prosterné devant la sainte image.

(3) Une de ces lampes a été fondée par Mgr Pie, évêque de Poitiers, à son départ de Chartres. Cet illustre pontife a voulu mettre dans ses armes l'image de Notre-Dame du Pilier et ces trois mots : *Tuus sum ego*, Je suis à vous.

Une deuxième lampe plus petite que les autres a été

Pontife est venu encore augmenter la pieuse vénération qu'elle excitait déjà dans le cœur des fidèles. Qu'il nous soit permis de donner quelques détails sur cette remarquable cérémonie.

Dès le matin du jour fixé (1) par l'heureux pontife pour accomplir cet acte solennel, toutes les cloches de l'antique basilique convièrent les fidèles par leurs joyeuses volées à ouvrir leur cœur à l'allégresse et au bonheur. Les murs de la Cathédrale étaient couverts de festons, de guirlandes, de draperies ; des guidons et des oriflammes rappelaient les principaux souvenirs puisés dans les fastes de l'Eglise. La Vierge-Noire avait été transportée sur un trône placé devant la grille du chœur, et surmonté d'un immense baldaquin de velours aux couleurs de Marie, rehaussé d'hermines et de crépines retombant en gracieux festons le long des quatre piliers qui soutiennent le transept. Mais ce qui plus encore que cette belle décoration faisait le brillant de la fête, c'était la présence d'un cardinal, de l'archevêque métropolitain et de plusieurs évêques auxquels s'était joint Mgr l'évêque de Poitiers, qui s'honore d'avoir grandi à l'ombre du sanctuaire de Marie, comme le sanctuaire de Marie met au rang de ses gloires de le compter pour l'un de ses enfants. Une foule immense assiégeait avant l'aube les portiques du

---

enlevée d'un oratoire de Sébastopol et offerte à Notre-Dame par un officier, le 8 septembre 1855.
(1) Le 31 mai 1855

temple saint, et, dès que les portes en furent ouvertes, envahit la vaste enceinte. La Messe fut célébrée par Mgr l'archevêque de Paris. Après l'évangile, Mgr Pie monta en chaire, et par un ingénieux rapprochement parla du couronnement de la Reine des anges et des hommes dans le ciel, dont celui de la terre était un gracieux et touchant symbole; il déroula ensuite aux yeux de ses auditeurs le magnifique tableau de toutes les grandeurs passées de la Cathédrale antique; puis, quand il en vint à la restauration de l'Église souterraine, il prononça ces paroles remarquables, qui furent recueillies et conservées comme des accents prophétiques : « Oui, j'ose le prédire, Chartres redeviendra plus que jamais le centre de la dévotion de Marie en Occident; on y affluera, comme autrefois, de toutes les parties du monde. »

Après le discours, lecture publique fut donnée de la bulle *ineffabilis*, proclamant dogme de foi la croyance en l'Immaculée Conception de Marie... Un religieux silence suivit cette proclamation solennelle de l'un des plus glorieux priviléges de la Mère de Dieu. Mgr Regnault s'avança alors vers le trône, gravit les degrés d'une rampe qui s'élevait jusqu'aux pieds de la sainte madone et déposa sur son front une riche et brillante couronne. Le célébrant entonna ensuite le *Credo* auquel l'assemblée faisant un acte de foi chrétienne au dogme nouvellement promulgué, répondit avec un enthousiasme qui fut à son comble quand tous les prélats, revêtus de leurs habits pontificaux, vinrent successivement offrir l'encens à la Vierge nouvellement couronnée. Mais à cet élan du cœur se joignit bientôt un profond sentiment d'attendrissement, lorsque l'on vit Mgr de Montals, malgré sa cécité et ses quatre-vingts ans, s'approcher à son tour en s'appuyant sur le bras du prêtre qui l'accompagnait, afin de donner publiquement, avant de s'endormir dans le Seigneur, ce dernier témoignage de sa tendresse filiale envers la Très-Sainte Vierge dont il se glorifiait d'avoir été pendant trente ans comme l'aumônier et le chapelain, dans son temple le plus renommé (1).

Il serait trop long de décrire toutes les merveilles de cette journée, disons seulement que le soir la ville entière resplendissait de mille feux, comme si ses pieux habitants eussent espéré prolonger, par cette lumière artificielle, l'éclat du soleil qui trop tôt pour eux avait disparu de l'horizon !...

A partir de cette époque à jamais mémorable, la Confrérie de Notre-Dame de Chartres (2) dont l'origine remonte à celle même du pèlerinage, mais qui fut reconstituée sur de nouvelles

---

(1) Discours de Mgr de Poitiers.
(2) Il suffit, pour être membre de cette Confrérie, enrichie de nombreuses indulgences, de se faire inscrire et de réciter chaque semaine une dizaine de chapelet. Sa fête patronale est celle du Saint Cœur de Marie, qui tombe le dimanche le plus rapproché du 2 février.

bases après le bouleversement révolutionnaire, vit augmenter le nombre de ses membres, et des faveurs toutes célestes obtenues par cette union de prières, sont une preuve incontestable que Marie attire sur les personnes qui en font partie les regards et les bénédictions de son divin Fils !

C'est aussi depuis ce grand jour que l'Œuvre des Clercs de Notre-Dame pour le service de l'Église de Chartres et le recrutement des vocations ecclésiastiques parmi les enfants des pauvres a pris des développements plus consirables.

Enfin, c'est à la suite d'un événement si heureux qu'une petite publication religieuse (1) a été fondée dans le double but de ranimer la dévotion des peuples envers Notre-Dame de Chartres et de procurer quelques ressources pour la restauration de son sanctuaire privilégié.

(1) *La Voix de Notre-Dame de Chartres*, revue mensuelle publiée au profit de l'Œuvre de Notre-Dame sous terre. — Prix de l'abonnement, 3 fr. par an.

CHAPITRE VIII.

NOTRE-DAME DE LA BRÈCHE.

Nous croirions manquer à la douce mission qui nous a été imposée, de conduire les étrangers et les pélerins aux pieds de la douce Vierge Marie, et de leur faire connaitre, soit les magnificences de cette admirable basilique où plane si sensiblement l'esprit de grâce et de prière, soit les mystérieux détours de cette église souterraine où tout redit la grandeur et les bontés de notre aimable souveraine, si nous omettions de les introduire dans le délicieux sanctuaire de Notre-Dame de la Brèche [1] dont le titre seul rappelle à tout chartrain et même à tout catholique sincère de glorieux et consolants souvenirs ; mais nous le sentons bien, en voyant les deux colonnettes de la porte en style ogival qui donne entrée à ce gracieux monument, ornées de fleurons supportant des boulets de fer, en apercevant encore des boulets au couronnement de la chapelle ; en retrouvant dans l'intérieur plusieurs de ces projectiles [2] placés aux pieds de l'antique

[1] Situé dans la rue du même nom.
[2] La plupart ont été lancés contre la ville par les huguenots.

statue de Notre-Dame de la Brèche, enfin en lisant sur un cœur de vermeil orné de trophées ciselés cette inscription belliqueuse : « honneur à Notre-Dame de la Victoire, » la curiosité de nos pieux touristes sera justement éveillée, et nous leur devrons le récit du trait historique et du fait légendaire auxquels se rattachent l'érection de ce sanctuaire et son vocable si populaire et si vénéré.

Le 1er mars 1568, la ville de Chartres se trouva investie par l'armée des Huguenots ayant pour chef le prince de Condé. Celui-ci dans sa haine hérétique (1) contre le culte de Marie avait juré, si l'on en croit un ancien auteur, « qu'il désolerait l'église de Notre-Dame, et ferait manger son cheval sur le grand autel d'icelle. » Paroles impies qui souillent presque notre bouche en les répétant ! La défense de la ville était confiée au brave Antoine de Linières qui, voyant que le véritable danger venait de l'occupation par les ennemis du ravelin de la porte Drouaise, tourna de ce côté ses principaux moyens de défense ; mais, selon toute prévision humaine, ils devaient être impuissants contre l'impétuosité et le nombre des Huguenots. Dans ce péril extrême, les pieux chartrains tournèrent toutes leurs espérances vers Celle qui est forte

---

(1) Challine, p. 176.
Il mêlait aussi à sa haine un sentiment de vengeance, ayant été enfermé quelque temps, après la bataille de Dreux, dans la prison de cette ville, appelée la Renaudie.

comme une armée rangée en bataille. Hommes, femmes, vieillards, enfants accoururent aux pieds de Notre-Dame de sous-terre, joignant leurs voix suppliantes à celles des ministres du Seigneur. O bonté, ô puissance de Marie! ô merveilleux pouvoir de la prière! tandis qu'une partie de ce peuple infortuné levait ses mains vers le ciel, pendant que l'autre combattait courageusement pour Dieu et pour la patrie, quelque chose d'étonnant et d'admirable se passait devant les remparts. Les Huguenots, ayant aperçu la statue de Marie qui surmontait la porte Drouaise et voulant sans doute rendre vaine l'inscription qu'elle portait, *Carnutum tutela*, redoublèrent d'efforts et la prenant pour but de leur fureur « tirèrent contre elle, comme le dit un naïf historien, tant de coups de canon et d'artillerie que tout ce qui était à l'entour demeura foudroyé ; mais ils ne purent jamais atteindre la sainte image, et quand le 9 mars ils s'approchèrent pour entrer dans la ville par la brèche qu'ils avaient faite, ils crurent voir devant eux une grande dame tenant un enfant entre ses bras, contre laquelle ils se mirent à redoubler leurs décharges. Mais les balles qu'ils tiraient tombaient sans force ni effet au pied de la muraille, et quand ils s'efforçaient de pénétrer dans la ville, ils se sentaient repoussés. » Condé fut-il témoin de ce prodige? c'est ce que l'on ignore; mais ce qui est certain, c'est qu'au grand étonnement de tous un messager fut envoyé au gouverneur par ce roi des Huguenots (1), annonçant une suspension d'armes, dont le 15 au matin les Huguenots profitèrent pour se retirer. Les habitants de la cité chartraine n'hésitèrent pas à reconnaître que le doigt de Dieu était là; et l'Evêque de la cité de Marie voulant donner une consécration religieuse au souvenir de cette mémorable délivrance, ordonna que tous les ans à pareil jour, il y aurait une procession solennelle. Depuis on éleva, à l'endroit même où les hérétiques avaient abattu un pan de muraille, un oratoire à la Très-Sainte Vierge sous le nom de Notre-Dame de la Brèche. En 1789, la petite chapelle fut vendue et démolie, mais de nos jours, un généreux ecclésiastique (2) s'est rendu acquéreur de l'emplacement qu'elle occupait, et a fait construire l'élégant monument qui depuis cette époque (15 mars 1844), sert de station à la procession commémorative instituée en honneur de la puissante et tout aimable reine qui n'a pas permis que sa bonne ville de Chartres fut infestée par le venin de l'hérésie : « *Cunctas hereses sola interemisti in universo mundo.* »

UN HUMBLE SERVANT DE MARIE.

(1) Il y eut des médailles frappées en son honneur, sous le nom de Louis XIII.
(2) M. Baret, vicaire de la cathédrale, l'un des plus généreux bienfaiteurs de Notre-Dame sous terre.

TABLE DES MATIÈRES.

	Pages
Chap. Ier. — Histoire abrégée de l'Église de Chartres.....	3
Chap. II. — Description de l'extérieur de la Cathédrale de Chartres........	10
Plan de la Cathédrale, façade septentrionale.	11
Façade occidentale.....................	13
Façade méridionale.....................	16
Chap. III. — Description de l'intérieur de la Cathédrale de Chartres.................	19
Noms des cinq chapelles comprises dans le pourtour du chœur................. ...	20
Clôture du chœur....................	21
Chœur et sanctuaire. — L'Assomption......	24
Le Trésor. — Les tableaux de Bridan......	25
Châsses de saint Piat et de saint Taurin	26
Perspective et proportions de l'édifice......	27
La lieue.........	28
Vitraux...............................	28
Les trois grandes roses..................	28
Les sept grandes verrières de l'abside	28
Notre-Dame de la belle verrière..........	32
Chap. IV. — Description de la Crypte ou Eglise souterraine de Notre-Dame de Chartres...	34
Dimensions de la Crypte. — Ses diverses entrées	35
Chapelle de Notre-Dame de Soubs-Terre...	36
Chapelle des Saints-Forts................	38
Beau reliquaire du XIIe siècle........... ..	38

	Pages
Ex-voto des Hurons et des Abnaquis.......	38
Chapelle du pourtour de la Crypte.........	40
Chapelle de sainte Véronique..............	40
Le caveau ancien martyrium, chapelle de saint Lubin...........................	40
Chapelle de saint Joseph.................	41
— de saint Fulbert	41
— de saint Jean-Baptiste...........	41
— de saint Yves...................	42
— de sainte Anne	42
— de sainte Madeleine.............	42
— de saint Martin. — Les restes de l'ancien Jubé...........................	43
Chapelle de saint Clément et de saint Denis.	43
— de saint Nicolas. — Tombeau de saint Calétric.........................	43
Baptistère et piscine du XIIe siècle	44
Architecture de la Crypte.................	45
CHAP. V. — Pélerinage de Notre-Dame de soubs terre	46
CHAP. VI. — La sainte Tunique de la Très-Sainte Vierge	51
Faits merveilleux qui se rattachent à l'histoire de la sainte Tunique.................	55
Le choléra de 1832 à Chartres	57
CHAP. VII. — La Vierge noire ou la Vierge du pilier	61
Vœu de Mgr de Montals..................	62
Couronnement de Notre-Dame du Pilier, le 31 mai 1855..........................	63
CHAP. VIII. — Notre-Dame de la brèche........	67
Son histoire, sa chapelle................	68

FIN.

Nogent-le-Rotrou, imprimerie de GOUVERNEUR.

www.ingramcontent.com/pod-product-compliance
Lightning Source LLC
LaVergne TN
LVHW051513090426
835512LV00010B/2514